U0812686

中华中医昆仑

赵锡武学术评传

张镜源◎主编

中国盲文出版社

图书在版编目（CIP）数据

赵锡武学术评传（大字版）/张镜源主编. —北京：中国盲文出版社，2015.11
（中华中医昆仑）
ISBN 978-7-5002-6602-0

Ⅰ.①赵… Ⅱ.①张… Ⅲ.①赵锡武（1902～1980）—评传 Ⅳ.①K826.2

中国版本图书馆CIP数据核字（2015）第282841号

赵锡武学术评传

主　　编：张镜源
责任编辑：亢　淼
出版发行：中国盲文出版社
社　　址：北京市西城区太平街甲6号
邮政编码：100050
印　　刷：北京华联印刷有限公司
经　　销：新华书店
开　　本：700×1000　1/16
字　　数：42千字
印　　张：6.25
版　　次：2015年12月第1版　2015年12月第1次印刷
书　　号：ISBN 978-7-5002-6602-0/K·363
定　　价：12.00元
销售服务热线：（010）83190297　83190289　83190292

版权所有　侵权必究　　**印装错误可随时退换**

丛书编委会

总顾问	顾秀莲	热　地	郑万通	王国强
	胡振民	柳斌杰	万季飞	周和平
	宋　海	何界生		
顾　问	于己百	王永炎	王孝涛	王宝恩
	邓铁涛	石学敏	朱良春	刘志明
	许润三	孙光荣	李寿山	李经纬
	李辅仁	吴　伟	吴咸中	何　任
	余瀛鳌	张　琪	张代钊	张伯礼
	张学文	陈士奎	陈可冀	陆广莘
	苗新凤	金世元	周仲瑛	周兴俊
	周霭祥	赵冠英	费开扬	高思华
	唐由之	程莘农	路志正	颜德馨
主　任	张镜源	佘　靖	白庚胜	
副主任	于文明	卫　中	王　炼	王国辰
	王承德	王晓民	元哲颖	刘彦龙
	李大宁	李功韬	李建军	李俊德

	李振吉	杨　钊	杨　勋	何伟诚
	苑　为	周建良	房书亭	赵克忠
	胡小林	姜在旸	修成娟	姚振华
	贺兴东	徐建中	梅　伟	崔晓浔
	蒋　健	谢秉臻		
编　委	王中华	王汉智	邓耀华	陈伟能
	周汉智	郑仁瑞	董栋华	
主　编	张镜源			
总编审	王　立	伊广谦	刘南燕	牟国胜
	李佐丰	吴石忠	汪兆骞	张年顺
	张瑞贤	陈金华	呼素华	孟庆云
	施宝华	梁星乔	傅　芳	靳　琦
	鲁兆麟			
编　审	尹龙元	红　柳	孙雁行	李　岩
	李　越	李占永	宋　倩	张　浩
	陈宏玢	黄　健	崔　宇	鲍国威
编务人员	王　悦	刘　伟	李淑荣	周逢春
	张　媛	赵祥龙	顾秀玲	常东晗

前 言

中医药是中华民族的伟大创造，是世界医学宝库中的夺目瑰宝，数千年来为中华民族的繁衍昌盛作出了巨大的不可磨灭的贡献，至今仍是中国医药卫生事业不可分割的重要组成部分，在维护民族体魄康健、促进经济社会发展中发挥着不可替代的作用。

中医药学，是中华传统文化和科技文明的结晶，是勤劳聪慧的中华儿女在几千年生产生活实践中，在与疾病作斗争的过程中，创造的独具特色的医学科学体系。它有着浓郁的民族特色、深厚的文化底蕴和丰富的哲学内涵。经过一代又一代中医药传人、一辈又一辈名医大家的实践探索、薪火传承、总结完善、创新发展，逐步形成了系统的理论体系、独特的诊疗方法、丰富的医学内容、实用的制药技术。具有疗效确切、用药安全、应诊灵活、普适简廉和预防保健作用显著的巨大优势，在世界医学之林独树一帜，为人类的文明进步与医疗保健事业，已经并正在作出积极的贡献。

为了弘扬中华民族传统文化，彰显中医药学家的丰功伟绩，当代中医药发展研究中心与中国文学艺术界联合会、国家中医药管理局新闻办公室、中华中医药学会、中国中医科学院、北京中医药大学、世界中医药学会联合会等精诚合作，在国家中医药管理局的支持和指导下，为中华近现代百年来贡献卓著、深受敬仰的150位中医药学家，编撰出版了这部大型传记丛书。丛书采用评传体裁，记载他们的生平事迹、医术专长、学术思想、传承教育、医风医德、养生之道和突出贡献，使这些宝贵的医学成就和精神财富发扬光大，千古流芳。

丛书取名《中华中医昆仑》。昆仑山，被尊为“万山之祖”，柱西北而瞰东南，立中国而凭世界，凌驾乾坤，巍然屹立。以其高峻豪迈、绵延起伏的磅礴气势，寓意中华中医药学历史悠久、博大精深和永不衰竭；以其挺拔雄伟、高耸入云的恢弘气魄，彪炳一代中医药学家的丰功伟绩、杰出贡献和不朽勋业。

丛书入选传主，从全国范围推荐遴选，遍及中医药界各个领域。有临床家、理论家、药学家、教育家、医史文献学家；有名师亲授、世医家教、学派传人、院校毕业和自学成才者；有师徒并驾、父子齐名和伉俪联袂者。他们学术造诣深厚、诊疗技术精湛、临床经验丰富、学科地位崇高、科研成果丰硕、医风医德高尚、国内外影响较大，从医学理论到临床实践，为中医药事业的传承和发展作出了突出贡献，是近现代百年来中华中医药界的杰出代表。

丛书的出版，对于弘扬中华文化，振兴中医药事业，造就中医药人才，普及中医药知识，具有重要的现实意义和深远的历史意义。这是一项开创性工作，填补了我国为著名中医药学家大规模撰写传记的空白；也是一项抢救性工作，因入选传主已仙逝过半，许多亲历、亲见、亲闻的史料日见散逸，将之收集整理、编撰成书，功垂后世、利国利民；更是一项承前启后的工作，总结传主经验，传承中医药伟业，继往开来，光耀世界医学之林。这部医文结合，富蕴历史性、学术性、文学性和实用性的鸿篇巨制，对医疗、卫生、科研、教育及全球关注中华中医药文化的各界人士，都有重要的参考和阅读价值。

丛书的编撰出版，是一项巨大的中医药文

化建设工程，在策划、撰写、编辑、出版过程中，自始至终得到了国家有关领导、政府部门及社会各界人士的关心和支持。国家中医药管理局高度重视，并组织专家对全书进行终审；数百名专家、学者亲临指导，参与规划；有关省、市、自治区卫生厅、局、中医局（处）给予大力帮助；传主及其亲属、弟子热情支持、密切配合；撰稿人深情满怀、辛勤笔耕；编审专家尽心竭力、精工细琢；关爱中医药事业的企业家热心公益、慷慨资助；全体工作人员不辞辛劳、无私奉献，这一切使丛书得以顺利出版。对此，我们深表谢意。

由于时间紧迫和资料搜集困难，加之水平有限，难免有疏误之处，敬请广大读者批评指正。

中华中医药学，历史悠久，源远流长，发端于远古，奔向于未来。百年对于历史，不过是短暂的瞬间；百人对于万众，不过是沧海一粟。然本丛书所记载的百年百人，则无疑是波澜壮阔的中医药发展史上辉煌的篇章和光芒闪烁的璀璨星辰。

张镜源

目录

出身贫寒　自学成才　/ 07
心脑血管　独有专擅　/ 16
突破禁区　古为今用　/ 50
辨证论治　中西并蓄　/ 62
延缓衰老　见解独特　/ 70
一代名医　品格高尚　/ 74

辨证论治的实质，就是辨别清楚“病因体异”，然后“同病异治”、“异病同治”、“药随证变”。医生的天职是看病，不是看级别，找我看病，只有前门没有后门。治病应不分富贵与低贱，救死扶伤为人民，这才是我们的职责。

——赵锡武

赵锡武（1902—1980），当代著名中医学家，河南省人。未经师承，自学成才，且颇通文墨。18岁开始自学中医，对古典医籍颇有造诣，对《伤寒论》、《金匮要略》等古籍的临床研究，达到了很高的水平。学术上博采众长，勇于推陈出新。他不仅医术高明，学识渊博，其高尚的医德，亦有口皆碑；在长期的医疗实践中，形成了善用仲景方术防治疾病的特点和风格；在运用中医药方法系统观察和治疗冠心病、心力衰竭、中风等心脑血管疾病方面，独有专擅；毕生从事中医临床及教学工作，治学严谨，培养了一大批中医人才。

赵锡武1956年加入中国共产党，是当时北京中医界入党的第一人。历任北平国医公会调查股干事、北平华北国医学院教授、北京中医学会执委会干事，并代表中医界出席首次全国卫生工作会议。1954年调入中医研究院工作，先后任中医研究院西苑医院内科主任、中医研究院副院长，第二届及第三届全国政协委员、第三届全国人大代表、中共十一大代表，中华全国中医学会副会长、中华医学会中西医学术交流委员会委员、卫生部医学科学委员会委员、《中国药典》编委会委员、《医学百科全书》编委、古典医籍整理委员会主任委员等职。出席第一、二届全国科技大会，为大会主席团成员。

一些国家领导人，如朝鲜金日成主席、崔庸健委员长，越南胡志明主席等都请他看过病，越南范文同总理之妻患精神病也请他参与治疗。

赵锡武临床经验丰富，对众多疑难病症的诊治有独到的专长，治疗各种内科杂症积累了丰富的临床经验，被誉为医林临床大家。

出身贫寒　自学成才

1902年10月19日，赵锡武出生于河南省夏邑县毛庄。赵锡武兄弟三人，他是老大。他7岁入私塾读书，后因家庭困难而辍学。为了养家糊口，父亲赵明亮到城里以开小饭馆谋生。那时管厨师叫做厨子，其社会地位低下。赵锡武年龄很小，就随着父亲到处帮工，料理杂务，帮助买菜、记账，所以也学得一手好厨艺。1920年，赵明亮到北京谋生，继续做厨子，一家人也从此定居北京。

不管外界如何看不起厨子这个行当，但忠厚老实的赵明亮坚信有了厨子这门手艺什么时候都不会挨饿。他希望三个儿子长大后子承父业。

目睹父亲起早贪黑的艰辛，作为长子的赵锡武心里很不是滋味。他既想尽早地为父亲分忧，担负起养家的责任，又不愿意像父亲那样，也做个厨子。他想当一位受人尊敬的中医大夫，行医救人。在18岁随父亲定居北京后，他凭借自己几年的私塾功底，便开始自学中医。即使家中粮绝炊断，也丝毫没有动摇他学医的志向。

赵锡武白天在饭馆里学徒、打杂，夜里挑灯夜读，悉心钻研历代医学名著，探索中医药理论和治疗方法。历经7个寒暑，他熟读了《黄帝内经》、《伤寒论》、《金匮要略》、《难经》、《温病条辨》、《神农本草经》等百余部中医经典著作，对中医理论的源流、沿革、发展及诸家学说熟记于心，且有深刻体会。25岁（1927年）时赵锡武考取了行医执照，并在北京正式开业行医。开业后，他仍然坚持诊余攻读，对经典医籍逐字逐句揣摩，这既为他行医奠定了坚实的中医理论基础，也使他养成了精心研读的好习惯。直至78岁高龄时，给研究生讲课，他仍然引经据典，且精确无误。行医50多年，赵锡武坚持自学不已，真正做到了活到老学到老。

这种特殊经历，客观上使赵锡武在医学界摒弃门户之见，不受流派影响，博采众长，收各家之优，容各路之言，并且中西并蓄，不断推陈出新。天赋加长期的刻苦学习与实践，形成了他行医做人的风格：医术上，有胆有识，思路开阔，有独到之处；医德上，救死扶伤，人格高尚，高风亮节；理论上，兼收并蓄，光大创新，在中医界独树一帜。

1943年，赵锡武在华北国医学院任教，为学生讲授《伤寒论》、《金匮要略》、《黄帝内经·素问》等中医经典著作。华北国医学院由北京四大名医之一施今墨先生于1931年创建，学院聘请许多名家先后在校执教，赵锡武位列其中。授课之余，赵锡武还要行医看病。

那时中医备受歧视，为了弘扬中医药学，1945年，赵锡武与张作舟、于道济、马继兴、石子兴、孟昭威等同仁自发组织成立了“中国医药学会”，开展中医学术活动。

赵锡武是一位善于向同行学习、谦虚谨慎的人。1949年以前，赵锡武经常到国医公会办的医学讲习所学习，与萧龙友、孔伯华、施今墨、汪逢春等名中医来往交流，商讨医理，切磋中医学术。这些友人对赵锡武的学识及为人亦甚为钦佩。

善于博采众家之长，是赵锡武学术思想的一大特点。他熟谙中医经典著作，对张仲景的《伤寒论》、《金匮要略》尤为精通，对于后世医家，如金元四大家，明清时代的温病学家以及王旭高、陆渊雷、张山雷、王清任、张锡纯等众多医家的学术思想也均有深入的研究，对同时代的医家经验也广为吸收。20世纪50年代初，赵锡武在北京中医进修学校开办的西医班学习西医。他虽任门诊部医师，且身为中医名家，但对病症不清楚的地方，仍礼贤躬行，虚心向西医求教。1950 年 5 月 30 日，北京中医学会在中山公园“来今雨轩”宣告成立，全体执委一致推选赵锡武为副主席。

赵锡武毫无门户之见，他在给学生上课时，经常将一些当代同行的专长、特点、经验予以介绍。比如他在给学生讲述“肾炎证治”时说：“最初治疗此病时，以利水为主，常用五苓散、苓桂术甘汤，实际上这只是治标利水，没有治本。对于严重病例，虽能使症状得到一时缓解，但最后患者仍有可能死于尿毒症等。20 世纪 50 年代，施今墨的门生李介鸣，常常对我开好的方子提出能否再加某某味药。我想他提出的药味可能是施今墨的经验，应该吸收。北京治肾炎的有名大夫还有李景泉、姚正平、岳美中、时振声等。李景泉用药量大，桂枝、黄芪、茯苓、泽泻皆按两用；姚正平善用涩药，如金樱子等；岳美中常先以玉米须为主服，用半年，然后用防己黄芪汤、香砂六君子汤治脾胃为主；时振声治肾炎也很有研究。”他教导学生：“我们要学习各家的长处，取众家之长。”

1955 年 12 月，中医研究院（1985 年更名为中国中医研究院，2005 年又更名为中国中医科学院）成立。成立前，研究院相继从全国各地聘请了一些知名度很高、学识渊博、经验丰富的大夫来院工作，其中北京地区就有赵锡武。这些著名的老中医成为中医研究院第一代学科带头人和学术骨干，也是中医研究院第一代学术奠基者。

对中医经典著作，赵锡武坚持背读，熟记于心。曾有一位武汉的军医跟赵锡武学医，对一个问题搞不明白，恰巧赵锡武的儿子在场，就给这位军医读《伤寒论》，以做解答。这时年近花甲的赵锡武打断儿子，直接将后面的有关内容背诵下来，令来者惊叹不已。赵锡武的“经典”功底于此可见一斑。时至今日，赵锡武的子女们仍能记得父亲背读医书的情景：“那时父亲已是四五十岁的人了，但他仍然像小学生背书一样，声音时高时低，抑扬顿挫。父亲专心背医书的神态，我们至今仍历历在目。”

赵锡武学医，未有师承与家传，全凭其刻苦自学，靠其认真临床。在临床实践中他体验经义，领会经旨，反复琢磨，直到心领神会。如 1960 年，国家处于经济困难时期，很多人患浮肿病，同时大便干燥，小便自利。赵锡武根据《金匮要略·痉湿暍病脉证治第二》第 23 条，“伤寒八九日，风湿相搏，身体疼烦，不能自转侧，不呕不渴，脉浮虚而涩者，桂枝附子汤主之；若大便坚，小便自利者，去桂加白术汤主之”，用大量白术等治之，愈者颇多。赵锡武分析：白术一药，一般认为是健脾燥湿、治脾虚溏泄之品。今大便干燥，小便自利而浮肿，何以用之而效？此乃用白术健脾行湿。脾健使水湿得化，正常敷布，则水肿得消，大便得润。赵锡武说，张仲景的临床经验是丰富的，只有对白术健脾燥湿的作用有更深入的理解，才能在实践中像张仲景那样运用自如，恰合病机。

同道们赞扬赵锡武："赵大夫，您诊病真是与众不同。"赵锡武回答："没有什么不同的，只是我下的工夫多一些罢了。"赵锡武行医50多年，坚持自学不已，法师仲景，兼收各家之长，终于成为一代名医。其自学成才的经验是：勤奋加实践。

赵锡武是临床大家，他的著述不算多，但依然有学术论文及著作数十篇（部）存世。如《对〈金匮·胸痹〉篇的讲述与临床运用》、《对冠心病的认识及治疗体会》、《冠心病》、《赵锡武心脑血管病医案选》、《辨证与辨病》、《赵锡武医疗经验》等。其中《赵锡武医疗经验》一书，是赵锡武一生治学、行医、科研、授徒生涯的心得体会及经验荟萃。其内容以内科为主，包括 27 个病证，所阐释的病机多从《黄帝内经》等中医经典医籍的理论出发，辨治疾病则多以《伤寒论》、《金匮要略》为依据，比较全面地反映了他惯用重剂治大病、擅抓主症、善用经方化裁以及选用力宏效专药品的治疗特点。

心脑血管　独有专擅

赵锡武对《黄帝内经》、《伤寒论》、《金匮要略》等中医典籍研究颇深。由于其有相当的中医理论功底，所以对经方运用自如，在冠心病、心力衰竭、中风等心脑血管疾病的治疗上，独有建树，疗效显著。

一、首用大黄䗪虫丸治疗冠心病

大黄䗪虫丸原为《金匮要略》方，主治虚劳而兼血瘀等病，原是用来治疗月经不调的。1952 年，赵锡武首先用该方治疗冠心病心肌梗死而获效，因为其符合冠心病“正虚血瘀”之病机，他为采用活血化瘀法治疗冠心病开辟了先河。

冠状动脉粥样硬化性心脏病是西医病名，虽然中医没有这个名词，但是它的临床表现如胸痛、胸闷、心悸、气短等症状，在最早的中医典籍《黄帝内经》中就有记载。例如《素问·脏气法时论》中说："心病者，胸中痛，胁支满，胁下痛，膺背肩胛间痛，两臂内痛。"又如《灵枢·厥病》中说："真心痛，手足清至节，心痛甚，旦发夕死，夕发旦死。"类似心绞痛及心肌梗死的记载，在同一篇中描述的"厥心痛"症状是"痛如似锥针刺其心"。张仲景《金匮要略·胸痹心痛短气病脉证并治第九》中除有"胸痹，不得卧"、"心痛彻背，背痛彻心"等一系列脉证描述外，在治疗方面也提出了比较系统的方药。在临床实践中运用这些方药治疗冠心病，也收到了一定的效果。因此，赵锡武认为，可以把胸痹心痛看做是中医学对冠心病的描述。

《金匮要略·胸痹心痛短气病脉证并治第

九》开篇即云："夫脉当取太过不及，阳微阴弦，即胸痹而痛，所以然者，责其极虚也。今阳虚知在上焦，所以胸痹心痛者，以其阴弦故也。"赵锡武指出，《金匮要略》此条至关重要，是胸痹心痛病之总纲，其言简意赅，为医者当细细玩味。张仲景仅以"阳微阴弦"四字，即将全篇理论观点详尽概括，"所以然者"以下数句，说明了病之本质在于极虚，并指出上焦阳微之虚，能造成脉络阴弦之实，而阴弦之实，反能影响阳微之虚，不但是血脉不足为阳微之果，而血不足也为阴弦之因。赵锡武强调，作为医生，如果对此条能深刻体会，即能对冠心病有整体的认识。

20 世纪 50 年代初，一位前苏联委派的专家，来华前就患有严重的冠心病，来华后病情加重，行动不便，只能卧床指导工作。为此，卫生部请赵锡武为这位专家治病。赵锡武按胸痹论治，采用活血化瘀法，最后治好了这位专家的病。这位苏联专家不但能站起来，而且还能跳交际舞。他回国后，多次写信感谢赵锡武，还托人给赵锡武带来礼物，以表谢意。一传十，十传百，此后找赵锡武看冠心病的人越来越多。

赵锡武认为，冠心病虽病位在心，但与胃、肾、肝、肺等脏器及血脉运行关系密切。了解这一点，对于胸痹心痛的发病及治疗具有重要意义。人体营养之输入，废物之排出，皆有赖于血液运行。而血液之运行，又赖心阳之鼓动，故云“心者，生之本……其充在血脉”。心为阳中之太阳，位于胸中，心阳虚微就会影响血液的正常运行，血运失常则易导致前胸猝然而痛，甚至浊阴不化而成心肌梗死。

《素问·痹论》中说：“心痹者，脉不通。”赵锡武认为，脉不通则心虚，心虚则胸中冷，胸中冷则胃阳微。胃阳微则影响消化吸收，而成呕吐、干哕、下利等胃肠疾患。营气、卫气、宗气皆赖胃阳腐熟水谷以生成，如果胃阳虚的话，则营气、卫气、宗气生化之源不足，胸中阳微，亦能影响心脏之血液循环，形成胸痹心痛。故曰微则无气，无气则营虚，营虚则血不足，血不足则胸冷。所以脉不通由于胸中冷，胸中冷由于血不足，血不足由于营虚，营虚由于无气，无气又由于胃阳微，胃阳微又由于血不足，层层相因，互为因果，又互相依赖。由于心需胃供给营养，胃需心供给血液，于是胃强心亦强，胃弱心亦弱。在中医看来，冠心病乃因虚致实，是本虚标实的病证。

对于冠心病的诱发原因，赵锡武说，中医与西医均认为厚味饱食、精神因素、“六淫”等，都能引起本病的发生。

一是厚味饱食。心绞痛发作严重时，可伴有恶心、呕吐、上腹部饱胀等消化系统症状。而饱食厚味，食滞不下，亦能促使心绞痛的发作。《素问·经脉别论》云：“食气入胃，浊气归心，淫精于脉。”过食膏粱厚味，则浊气壅于胃之大络，使血液不行，虚里阻塞，从而导致心失其营，而诱发本病。

二是精神因素。《素问·生气通天论》云："阳气者，精则养神，柔则养筋。"《素问·痹论》云："阴气者，静则神藏，躁则消亡。"《灵枢·本神》云："是故怵惕思虑者则伤神，神伤则恐惧流淫而不止。因悲哀动中者，竭绝而失生。喜乐者，神惮散而不藏。愁忧者，气闭塞而不行。盛怒者，迷惑而不治。恐惧者，神荡惮而不收。"这些都说明，人的精神情绪波动太过，可以伤脏，进而诱发本病。

三是"六淫"影响。"六淫"是指风、寒、暑、湿、燥、火六种环境因素。《素问·举痛论》云："经脉流行不止，环周不休，寒气入经而稽迟，泣而不行，客于脉外则血少，客于脉中则气不通，故卒然而痛。"又说："寒气客于脉外则脉寒，脉寒则缩蜷，缩蜷则脉绌急，绌急则外引小络，故卒然而痛。"由于本病系胸阳不足，加之寒邪侵袭而导致脉绌急而不通，不通则痛，而诱发本病，说明环境因素对本病是有影响的。《灵枢·百病始生》中说："风雨寒热，不得虚，邪不能独伤人。卒然逢疾风暴雨而不病者，盖无虚，故邪不能独伤人，此必因虚邪之风，与其身形，两虚相得，乃客其形。"意思是说，环境变化之所以能诱发本病，是由于患者胸阳素虚，说明只有外因而无内因是不能诱发本病的。

对于冠心病的治疗原则，赵锡武主张以补为主，以补为通，以通为补，通补兼施，补而不塞，通而不损正气，并在实践中归纳出治疗冠心病六法，发展了《金匮要略》关于胸痹的治疗法则。冠心病治疗六法，是赵锡武临床经验的结晶。

第一法，宣阳通痹。阳不宣可致血之痹，血之痹可令阳不宣，故通阳可以宣痹，宣痹亦可通阳，二者相互为用，故临床以宣阳通痹为治胸痹心痛之主要方法。选方宜用瓜蒌薤白半夏汤。方中瓜蒌宽胸，可宣痹以通阳，薤白可通阳以宣痹。由于胸痹者多胃浊上逆，故用半夏和胃以降逆，降逆亦可间接地扶助心阳。若伴有失眠者，可佐酸枣仁汤；若胸胁逆满、肢冷者，用枳实薤白桂枝汤；若阳虚痛甚、心痛彻背、背痛彻心者，可在主方中加乌头赤石脂丸；若兼有脏躁及百合病者，加百合知母汤、百合地黄汤、半夏厚朴汤、甘麦大枣汤等；善感冒、体酸痛乏力者，主方加新加汤。

第二法，心胃同治。“胃为水谷之海”，故人体之热产于胃，集于脉，蓄于血，借心阳之鼓荡，充沛于周身。所以脉以胃气为本，“有胃气则生，无胃气则死”。“半日不食则气少，一日不食则气衰，七日不食则死矣”。“胃寒则血薄，胃热则血浊”。血薄则血衰阳微而卫外之功能减退。血浊则血之流通不畅，血中之代谢物质陈腐淤积，故心与胃相互依赖，相互影响，治疗上应心胃同治。

胸痹胸中气塞短气，证偏实者，橘枳姜汤加减。若症见胸中气塞，动则气短心悸，病兼在肺而无胃肠症状者，改用茯苓杏仁甘草汤。胸痹，心中痞气，气结在胸，胸满，胁下逆抢心，证偏虚者，宜人参汤加味。胸痹食后脘腹胀满，证虚者，宜厚姜半甘参汤加减。下利呕吐者，宜吴茱萸汤。

第三法，补气养血。气与血同出而异名，血为阴，气为阳，阳生于阴，阴生于阳，此即阴阳互根之意。无气则营虚，血不足则胸中冷。血者气之体，气者血之用，气为血之帅，血为气之母。补气即能养血，养血亦可益气。故补气养血不可分割，例如当归补血汤。若症见发热、不渴、脉虚，病久正气衰弱者，宜增投当归补血汤加味。若见脉间歇、气短、脉数、心悸者，主方加当归芍药散。若心悸脉数者，增用生脉散加酸枣仁、龙骨、牡蛎、当归等。若见脉结代，心动悸，增投炙甘草汤。

第四法，扶阳抑阴。阳盛则热，阴盛则寒。阳虚则寒，阴虚则热。盖阴消则阳长，阳消则阴长，故扶阳即是抑阴，抑阴也是扶阳。胸痹由于心阳虚微所致。阳消则阴长，所以扶阳抑阴之法亦不可少。若胸痹时缓时急，用薏苡附子散，方中附子扶阳，薏苡仁缓急。若四肢厥逆、脉微、下利者，增投四逆汤。若阳虚胃冷者，增用附子汤。若心下满者，增用理中汤。若寒甚者，加细辛、桂枝等。

第五法，活血行水。冠心病出现浮肿者，乃血运失常，壅塞淤积，络脉充胀，体液渗出所致。中医有“去菀陈莝”法，在治这种病的场合应理解为疏导血液中之陈腐淤积，使血液畅快而非攻法（虽然攻法有时能达到“去菀陈莝”的效果）。运用“去菀陈莝”结合“开鬼门”发汗通上窍，“洁净府”泄膀胱以利下窍等方法，虽可退水消肿，但往往水退复发，肿消再作。究其原因，虽然血与水关系密切直接，但根本病因，其主要矛盾在于心阳虚（心功能不全），故运用“去菀陈莝”、“开鬼门”、“洁净府”只能治水肿之标，而助心阳方为治水肿之本。再说水盛则阳衰，阳盛则水衰。发汗虽去水，但也同时能散体温，而对阳不足者亦能损阳，故有大汗亡阳之说。人体之热产于胃，蓄于血，夺血者无汗，夺汗者无血，故阴虚过汗则亡津液。所以治冠心病水肿者，应以真武汤为主剂以助心阳，再辨证选择治标方法中之一二，始能符合“治病必求其本”的理论，使水去而阳不伤。血瘀浮肿者，加当归芍药散；若肺部瘀血或肝大充血者，加参苏饮（人参、苏木）；若脉结代、心动悸兼阳虚浮肿者，瓜蒌薤白半夏汤合真武汤化裁，并酌加活血之品。

第六法，补肾养筋。心与肾相互为用，肾不能还精于心即显心功能虚衰，肾不能还精于肝则不能柔肝养筋，致筋膜憔悴，脉管渐硬，故补肾养筋亦为治胸痹之又一大法。若见两尺无力、脉迟、胸闷、心悸、头晕、耳鸣、腰酸、腿软、面暗虚烦、少寐或见高血压等症，瓜蒌薤白主方加杞菊地黄丸久服。便干者，加草决明。若肾阳衰微者，见畏寒、肢冷、脉微等症，加桂附八味丸，亦可加鹿角胶、巴戟天、仙茅、淫羊藿、党参、麦冬等，或左归丸加味。若再见脉结代，心动悸（或见心房纤颤），增炙甘草汤，便干用火麻仁，不得寐用酸枣仁。见头昏、脉弦、阴虚阳浮、血压升高者，加天麻钩藤饮，或加杞菊地黄丸。

赵锡武说："在临床上使用此六法治疗冠心病，可以一法用之，亦可数法结合使用。"

二、首创真武汤配"治水三法"治疗充血性心力衰竭

心力衰竭是心血管疾病导致死亡的主要原因，充血性心力衰竭是各种心脏病所引起的严重心功能代偿不全的共同表现。根据多年的经

验，赵锡武逐渐摸索出治疗这种疾病的方法，即以真武汤为主方，适当配用“治水三法”。这一治疗原则，是赵锡武治疗心脑血管疾病的又一项开创。

真武汤在《伤寒论》中有两处提到，一条是在太阳病篇中：“太阳病发汗，汗出不解，其人仍发汗，心下悸，头眩，身瞤动，振振欲辟地者，真武汤主之。”另一条是在少阴病篇中：“少阴病，二三日不已，至四五日，腹痛，小便不利，四肢沉重疼痛，自下利者，此为有水气。其人或咳，或小便不利，或下利，或呕者，真武汤主之。”

“治水三法”在中医典籍中就有记载。《素问·汤液醪醴论》中就有“治水三法”，乃指“开鬼门”、“洁净府”、“去菀陈莝”，其对控制心衰亦有一定的意义。

为什么要以真武汤为主方适当配用“治水三法”治疗心力衰竭呢？赵锡武认为：心藏神

而舍脉，脉为血之府而诸血皆属于心，心欲动而神欲静，一动一静，则心脏一张一缩，不疾不迟，有一定之节律，一息四至谓之无过。血液之流行有恒一之方向，逆流则为病，故曰“神转不回，回而不转乃失其机”。其所以能如此者，由于心阳旺盛，心血充盈，否则血运失常回流障碍，血流淤积，造成肿胀及腹水。《金匮要略·水气病脉证并治第十四》有先病血后病水名曰血分、先病水后病血名曰水分之说。故水去其经自下，血去其水自清，可以证明水与血之关系。《黄帝内经》所谓“去菀陈莝”是指疏通血脉中之陈腐淤积，使血流畅通；“开鬼门”是指宣肺发汗，以开上窍；“洁净府”是指泄膀胱排尿，以利下窍。“去菀陈莝”、“开鬼门”、“洁净府”三管齐下，本当水去而肿消，岂知消而复肿，其故何在？盖因水肿之为病虽然在水，而根本矛盾是由于心功能不全所造成。“开鬼门”、“洁净府”、“去菀陈莝”只是治水之标，故水消而复肿，所以必须以强心温肾利水之真武汤为主，辅以上述“治水三法”，心肾同治，方能水消而不复肿，以符合治病必求其本之意。

心力衰竭在临床上表现的脉和症，多见心肾两虚，宜选用强心扶阳、宣痹利水之真武汤为主方，主要取其壮火制水之意。根据临床实践，赵锡武认为，本方主要在于温阳强心之功效。本方虽属强心扶阳、利水导湿之剂，但单用本方治疗心衰，不如佐以“治水三法”更好。因为心衰时出现的肺淤血、肝肿大、水肿等，皆提示心阳虚衰，肺气壅滞，升降失调，血瘀不畅，水不化气，所以必须以真武汤为主方，再配合“治水三法”随证施治，方能扭转病机。赵锡武的具体用法是：

一是配合“开鬼门”法的运用。鬼门，即汗孔。“开鬼门”即宣肺透表。此法可使肺气得宣，营卫因和，以求“上焦得通，濈然汗出”。

其作用部位在肺，故以真武汤为主，配合越婢汤，肺热者配麻杏石甘汤等方。

如：一位邓姓女病人，48岁。患者于1963年6月15日入院。入院时咳嗽吐白痰，心下痞满，气短心悸，颜面浮肿，尿少，唇轻度发绀，颈静脉怒张，心界向左稍扩大，心率每分钟100次，二尖瓣区可闻及Ⅱ级吹风样收缩期杂音。胸部叩诊高度回响，两肺满布细湿啰音。诊为慢性气管炎，阻塞性肺气肿，慢性肺源性心脏病，心衰Ⅲ度。中医辨证：心肾阳虚，痰湿阻滞，肺气壅塞。宜温阳宣肺，豁痰利湿，用真武汤加“开鬼门”法治之。赵锡武为之处方：附子6g，杭芍9g，白术9g，云苓12g，甘草9g，麻黄8g，生石膏12g，生姜9g，杏仁9g，白茅根30g，车前子（包）15g，大枣（擘）5枚。上方服3剂后，患者尿量显著增加，下肢浮肿明显减退。5剂后，肿退、咳嗽减轻，故上方加入宽胸理气之品，厚朴6g，陈皮6g。6剂后，心率减慢，考虑还有胸闷、咳嗽、气短等症，上方去白茅根、厚朴、车前子，加入止咳降气之苏子9g。再服5剂后咳嗽已止，仅微有气喘，心下稍有痞满，又予厚朴麻黄汤清肺泻热、豁痰平喘之剂。服药一周后，心率每分钟89次，诸症均除，出院返家。

二是配合“洁净府”法的运用。净府，指膀胱。意在行水利尿，使水行肿消，作用在膀胱。若右心衰竭，腹水，严重小便不利，五苓散加车前子（包）15g，沉香（后下）、肉桂（后下）各9g。此为真武汤加“洁净府”法。此法的变通方是消水圣愈汤（药味：桂枝汤去芍药加麻黄，附子细辛汤加知母，亦可酌情加用防己等）。

如：一位张姓男病人，54岁，咳喘5年，因感冒咳喘气短不能平卧，于1961年11月入院。入院时，患者息促不能平卧，痰多黏稠，肢肿尿少，心下痞满，腹胀不适，唇紫绀，两肺中下闻及湿性啰音，心率每分钟 100 次，律齐，心界略向左扩大。诊断为慢性气管炎，阻塞性肺气肿，慢性肺源性心脏病，心力衰竭Ⅲ度。中医辨证：心肾阳虚，痰湿阻滞。用温阳利水、蠲饮化湿之法，方以消水圣愈汤治之。赵锡武为之处方：桂枝 9g，甘草 9g，麻黄 4.5g，黑附片 9g，知母 9g，防己 12g，生姜 9g，杏仁 9g，大枣（擘）6 枚。患者服后尿量增多，水肿渐消。住院第 13 天，水肿明显消退，腹水征转阴性，仅小腿微肿，体重由入院时的 71kg 减至 59kg。遂改用益气养心、清肺化痰之剂。处方：党参 15g，麦冬 12g，五味子 6g，杏仁 9g，甘草 9g，生石膏 9g，麻黄 15g，小麦 30g，远志 6g，茯苓 12g。3 剂后，咳喘虽减，但尿量明显减少，浮肿又显。因此继用消水圣愈汤加入茯苓 30g，车前子（包）30g，服后尿量明显增多而浮肿消退，咳喘亦减，精神食欲均好，心率每分钟 84 次，临床表现心衰已得以控制。

三是配合“去菀陈莝”法的运用。《黄帝内经》提出的“去菀陈莝”法，其意大致是日久为陈，淤积为菀，腐浊为莝。“去菀陈莝”应为散瘕通络、活血化瘀之意。作用部位在脉。心力衰竭的发绀、肝肿大、静脉压增高等皆可提示有瘀血情形。心衰、瘀血多伴有水肿，正是“血不利则为水”的现象。尤其《金匮要略·水气病脉证并治第十四》中的血分、气分概念，对赵锡武颇有启发。《金匮要略》所述血分一证，可以有两种情况。其一为血气虚少，其二为阴浊壅塞。临床观察到充血性心力衰竭表现的症状，可用阴浊壅塞去理解，如胸闷气憋、喘咳有余之象，以及肝脾大、心下痞满。充血性心力衰竭的治疗需在真武汤强心扶阳的基础上佐以“去菀陈莝”，治以桃红四物汤去生地加藕节、苏木等药。水、气、血三者关系密切，血可病水，水可病血。气得温而化，血得温而活，水得温而利。故在主方中加肉桂、沉香一类温阳化水药。此法只有在强心扶阳佐“洁净府”法时加入温阳化水药，方能证、法、方药三者丝丝相扣，取得疗效。其中值得特别提出的是兼有心肺阴虚征象，即肺虚少气、咳嗽自汗、心血亏耗、虚烦而悸者，当于上法中考虑配用生脉散。

如：一位游姓男病人，24 岁，长期心悸气短，久治不愈，于 1964 年 4 月 29 日入院。入院时，该病人口唇紫绀，巩膜黄染，咽红，颈静脉怒张，两肺底可闻及干湿性啰音。心界向左右明显扩大，心尖搏动弥散，可触及震颤，心尖区闻及Ⅲ级吹风样收缩期杂音及Ⅳ级隆隆样舒张期杂音，心律不齐，有早搏，心率每分钟 69 次。诊断：风湿性心脏病、二尖瓣狭窄伴关闭不全、心房颤动、心源性肝硬化、心力衰竭Ⅱ度。中医辨证：据脉证所见，系心肾阳虚，而证见心悸，脉结代，因夹血瘀，可见舌唇紫暗，因胸阳不宣，肺失肃降，故胸闷气短胸痛。心脾阳虚，肾阳不足而现尿短，下肢浮肿，曾选用炙甘草汤、五苓散、真武汤、联珠饮、消水圣愈汤等配伍应用，病情未见好转。考虑到该病人心下痞硬，舌质暗红，面色黧黑少华，脉结代，便少，认为本病实为心肾阳衰，兼有瘀血，故选用真武汤合“去菀陈莝”法施治，收到较好效果。处方：附子 9g，杭芍 30g，云苓 18g，白术 15g，生姜 9g，肉桂（后下）6g，沉香（后下）6g，当归 12g，红花 12g，白茅根 30g，藕节 10 枚。服 5 剂后，患者尿量增加，心衰明显好转。其后因附子暂时缺药，病情出现波动，经继用原方，病情又日趋好转。出院时一般情况尚佳，活动后未见明显心悸，无咳喘，浮肿消失，能平卧，心衰已得到控制。

心力衰竭并见心律失常是治疗上的难题。赵锡武在临床中多推崇炙甘草汤、桂枝甘草龙骨牡蛎汤、茯苓甘草汤诸方。阴虚者用炙甘草汤加生脉散。阳虚者重用真武汤。水气凌心、烦躁不安、心动悸者，用桂枝甘草龙骨牡蛎汤。在治疗心衰的同时，赵锡武适当选用上方纠正心律失常。他说，心律失常的治疗，颇需时日，非短期能愈，须根据不同情况辨证施治。

上述三例是赵锡武单纯用中药控制心衰的验案。三例均表现为心肾阳虚，故皆取真武汤为主方。例一肺气壅塞明显，故兼用“开鬼门”法，加用麻杏甘石汤。例二由于肢肿尿少较重，故直接用消水圣愈汤温阳利水，洁其净府。例三瘀血指征明显，故兼用“去菀陈莝”法，加用当归、红花、藕节等。心力衰竭病情复杂，其正气虚极难以维系生命，而水瘀互结又难以利之散之。赵锡武权衡虚实，大胆选用真武汤维护真阳，“治水三法”消水散结，故能挽救生命于危急之中。像心力衰竭这样危重的病症，赵锡武治疗起来，亦能得心应手，可见经义不可丢，经方不可弃，仍然是治疗大病危症的有力武器。

三、发展以地黄饮子为主方治疗中风

地黄饮子由金匮肾气丸化裁而成，是刘河间治“瘖痱”所制之主方。“瘖痱”为中风之一种。赵锡武说，人之所以中风，多因喜怒思悲恐之五志，有所过极而卒中。五志过极，皆为热甚。中风是有征兆的，清代王清任在《医林改错》中详细描述了发病之前的表现，如有以下三点不适：指麻木感、肢体局部的知觉障碍、常自觉一瞬间意识不清，应特别注意。且年龄在40岁以上者，在1～2年间更要特别警惕，要采取积极的措施，预防中风的发生。

在古今诸医家影响之下，赵锡武通过实践摸索出逐血痹、补肾治中风大法，即用地黄饮子为主方，并且对地黄饮子的用量、用法有所改进，治疗方法有其独到之处。这是赵锡武治疗心脑血管疾病的又一经验。

赵锡武对于地黄饮子的药物用量，独具匠

心，生地黄用量曾至每剂 40～50g，而桂附仅用 6g，对舌红思饮水者则不用附子，巴戟天仅用 12g，以体现刘河间创方剂之原意。处方常用量为：生熟地各 20～25g，巴戟天 12g，山萸肉 12g，石斛 12g，肉苁蓉 24g，制附子 6g，远志 9g，五味子 9g，官桂 6g，茯苓 12g，麦冬 12g，菖蒲 12g，姜 9g，枣 7 枚，薄荷 9g。

赵锡武指出：中风有广义与狭义之分。《黄帝内经》风、痹、痿、厥、贼风等篇所论，皆属广义之中风；《伤寒论》中的桂枝汤证等，乃是狭义之中风。《备急千金要方》谓中风有四：一曰偏枯，二曰风痱，三曰风懿，四曰风痹，亦是指广义之中风。金元以后，中风又有真中风与类中风之别。真中风者，谓其为外界“风邪”所袭而得；类中风者，非“风邪”所为，故又称“类中”、“非风”，以与真中风区别。这样一来，一病就有二名，许多医家以为祛风诸药只能治真中风，而对于所谓“类中”则不敢稍加一二，即因于此。

赵锡武认为，只要系脑血管意外，皆可谓之中风，而不要强分为真中风与类中风，但虚实寒热之辨是必要的，“类中”之名不切实际。他说：只要看一看《灵枢·贼风》中所述就可明了，依余管见，中风者，非邪风之中于人身，而是病中于“风”上。肝乃风脏，换言之即是病中于肝。是故中风病之基本病机，是肝在病理因素之下，“其用为动”等方面的功能失常。至于中风分为中络、中经、中腑、中脏四个阶段，是以临床见症轻重、病势浅深而分。所谓中腑之“腑”是指奇恒之腑的脑腑；中脏之“脏”则为少阴心肾二脏。少阴是指肾而言，肾主骨，骨藏髓，脑为髓之海，名奇恒之腑。中腑中脏，是指肝被邪中，病深涉及脑腑、心肾之谓，故临证可见昏不识人、语言难出、口中流涎等危重症候。赵锡武强调，脑出血恢复期，均宜以治肾为大法，凡中风之后出现舌謇、音喑、肢废、饮食作呛、反应迟钝，均宜投地黄饮子。古书言“喑”而不言“呛”者，乃因“呛”由饮食所致，由于古时诊病均不在饮食之际，故未见食呛之发作，此可能为古书不言“呛”之原因。“喑”与“呛”虽症异，但因其均为舌僵不灵，其病在脑所致，故治法相同。

中医历来有上病治下之大法，赵锡武说地黄饮子就是治下为主之剂。金元时代，曾有主痰、主火、主气及真中、类中之说盛行一时，究其实，中风过程中，不但痰、火、气以标象出现，而且肢废、语謇、麻木等也均为病之症状，其病之本质在脑，故古人上病治下。赵锡武指出，万物之生存皆赖升降出入之新陈代谢以维持，而需五味五气以养之。若代谢失常，则能导致人之衰老病死。脑病虽能影响全身，而亦关系代谢。若脏腑经络每一局部发生障碍，亦能影响于脑。药物仅能起到扫除障碍、调节功能、调动脏腑积极因素的作用，至于充脑髓、强筋骨、长肌肉、续绝伤仍赖脏腑运化之精微，以充实脏腑，调整机体。

赵锡武的临床体会是：若心肾不交，脉结代，心动悸，可佐瓜蒌薤白白酒汤、当归芍药散。若肾不温脾，脾阳衰，出现腹胀、呃逆、不食者，宜加党参、半夏、干姜、丁香、柿蒂，温脾降逆。若胸闷有痰，宜配伍蠲饮六神汤，去痰通络，调气和胃，解郁安神。

对经中西医结合诊断属于脑梗死者，赵锡武主张用地黄饮子原方不去桂附，而对脑出血者则主张早期先用风引汤，继用地黄饮子去附子。赵锡武认为，脑梗死非温药不化，脑出血非凉药不止。刘河间所说的“凡觉中风，必先审六经之候，慎用大热药乌附之类”，也是针对脑出血初期而言。生地为上方主药，功在逐血痹。血痹一除，血得充、筋得强、骨得壮、肌肉得养、脑髓得补充，群药得各尽其职。桂附推动阴药，药效遂著。由于瘖痱病变乃是气不到之处，也是病邪存留之所，逐除血痹，滋补肾精，需依赖地黄较大量的投施。赵锡武在逝世前夕还嘱咐他的学生，“用地黄饮子的经验，重点就在于突出逐血痹”。血脉痹而不通时，须赖生地通之。瘖痱也必须靠生地通逐脑及四肢之血痹，生地主治伤中，逐血痹，填骨髓，长肌肉，补五脏，滋阴潜阳，生血凉血，能治血虚劳热，痿痹惊悸。近代中医方剂学均写明地黄饮子功用是滋肾阴、补肾阳、安神开窍，主治中风瘖痱，肾气虚弱。地黄饮子方剂主要由生地黄、巴戟天、山萸肉、石斛、肉苁蓉、附子、五味子、肉桂、茯苓、麦冬、菖蒲、远志等12味药组成。

对血脉不畅，赵锡武常用归芪加川芎；对气虚、津液不得四布之证，常用春泽汤（即五苓散加党参）；对脑梗死，有时间断使用补阳还五汤；对脑出血，加大茯苓用量，以增渗利之功，促进出血的吸收；对病初神昏、痰涎壅盛者，主张用局方至宝丹；血压高者，用地黄饮子主方佐草决明、生石决明、杜仲、牛膝等；气短心悸、脉结代者，佐瓜蒌薤白汤。赵锡武在用地黄饮子治瘖痱的经验中，主要一点是间断投用豁痰方剂如蠲饮六神汤（旋覆花、菖蒲、胆南星、茯苓、橘皮、半夏），与地黄饮子交替使用。这不仅能防止或减少地黄的滋补浊腻、夹痰上涌之弊，而且瘖痱用豁痰开窍法，促进神腑功能以利神识康复。当见肢体不仁、无触觉时，佐人参再造丸，日服两丸，触觉恢复后即停用。

赵锡武对中风的具体治疗方法如下：

病人在昏迷期神志不清、病情危重时，首先予通关散（细辛、法半夏、皂角等份研末）少许吹于鼻中。其意义有二：一是治疗意义，促使苏醒；二是判断预后，谓有嚏者生，无嚏者死。继予生姜汁、白矾灌之，灌后探吐。第二步，每日两次再造丸，用 1～2 天，不可多用。该药有三种作用：其一，因此药中虫药多，所以可以调节神经功能失调。其二，有养血活血药，具有化瘀通络作用。其三，有祛风药，具调节发汗、改善末梢血循环及感觉神经末梢功能。在此期间，可配用续命汤（脑出血可用本方，脑血栓形成可用小续命汤）。第三步是用安宫牛黄丸或苏合香丸，对于痰盛有热象者予安宫牛黄丸或至宝丹；热盛于阳明症见便干舌燥者予紫雪丹，亦可用三化汤，兼湿者予苏合香丸。以上诸药用至苏醒。

赵锡武对于中风后遗症的治疗方法如下：

病人以半身不遂为主，兼血压高者，予潜阳通络，选用风引汤（大黄、干姜、龙骨、桂枝、甘草、牡蛎、寒水石、滑石、赤石脂、白石脂、紫石英、石膏）加磁石、龟甲、鳖甲、生铁落。痰盛阳亢，血压过高也可以予天麻钩藤饮配合续命汤（麻黄、桂枝、当归、人参、石膏、干姜、甘草、川芎、杏仁）。便干舌燥阳明胃热，予三化汤或调胃承气汤。半身不遂善后方，选用侯氏黑散（菊花、白术、细辛、云苓、牡蛎、桔梗、防风、人参、矾石、黄芩、当归、干姜、川芎、桂枝），宜冷服。如无大便干热象时，血压已降，高血压症状已减，留有后遗症麻木无力，屈而不伸，臂不能举，可用强筋壮骨、通经疏络法，用桂枝汤加黄芪、当归、杜仲、续断、天麻、冬虫夏草、淫羊藿、鸡血藤、香附、乌药、高良姜、伸筋草、山甲等以善其后，病愈后用侯氏黑散加六味地黄丸以巩固疗效。

病人以失语为主，选用资寿解语汤、地黄饮子、河间羚角散。资寿解语汤：防风、附子、天麻、酸枣仁、羚羊角、官桂、羌活、甘草。地黄饮子（刘河间方）：熟地、巴戟天、山萸肉、石斛、肉苁蓉、附子、五味子、官桂、白茯苓、麦门冬、菖蒲、远志。

病人脑血栓形成，视病情再配用活血化瘀

药，如桃红四物汤等。

病人脑软化，选用清代王清任的补阳还五汤。

上述各方药中包括风药。赵锡武认为，风药对本病并不禁忌，可以调节血管功能。对于热药，只要病证相符便可用，如附子、干姜、肉桂，也有扩张血管作用。又如淡渗药云茯苓、白术，有促进吸收作用。镇静药如龙骨、牡蛎、紫石英、铁落，有一定降压作用。凉血药可以止血，活血药可以通络，对肢体功能恢复颇为有益。

如：一位 64 岁男性病人，中风后右上下肢不灵，步履蹒跚，腿沉重，头眩而痛，言语不清，呛食，脉弦两尺无力，病在肝肾，1975 年 8 月 27 日入院。一诊：生地黄、熟地黄各 12g，丹皮 12g，山药 12g，山萸肉 12g，茯苓 12g，泽泻 12g，肉苁蓉 18g，巴戟天 15g，杜仲 12g，黄芪 30g，当归 12g，天麻 12g。二诊：连服数剂，呛食已愈，余症同前。依上方加葛根 18g，稆豆衣 18g，泽泻增为 30g。三诊：服上方 10 剂，言语有进步，头痛肢重依然，余症同前。投地黄饮子加减，熟地黄 24g，石斛 12g，山萸肉 12g，肉苁蓉 18g，麦冬 15g，茯苓 12g，菖蒲 9g，五味子 9g，巴戟天 15g，天麻 12g，杜仲 12g，黄芪 30g，泽泻 30g，稆豆衣 18g。每周数剂连服。四诊：言语见好，头仍痛，腿重不灵。上方去泽泻、稆豆衣，加桂枝 9g。五诊：上方服 10 剂，言语清晰，音低，腿无力，脉弦有力尺弱。仍以地黄饮子方加杜仲 12g，天麻 12g，鸡血藤 30g，其中肉桂、附子各 6g，煎服。六诊：诸症大减，仍脉弦尺弱，两腿乏力，乃肾虚、柔不养筋。照上方加淫羊藿 30g，冬虫夏草 9g，煎服 10 剂，继以蜜丸久服。一年后随访，病已愈，步履正常，已无头眩腿重，食纳正常，言语清晰，但答话迟慢，反应略迟。

又一位 77 岁男性病人，因冠心病，心房纤颤、高血压住院。一个月后又出现脑血栓，左身轻瘫、麻痹，继而合并肺部感染。明显瘫痪3周后病情转危。西医抢救的同时，邀赵锡武会诊。当时病人面色黧黑，语喑舌謇，神疲痰多，呃逆呛食，冷汗出，脉结代，左体瘫痱。赵锡武以地黄饮子为主随症加减，7个月后取效。初治因正气已脱，地黄饮子加西洋参、黄芪。呃逆加旋覆代赭汤及柿蒂；心衰房颤严重时配合瓜蒌薤白汤；发热痰盛神昏加局方至宝丹、蛇胆陈皮。连服中药配合西药，至神志清、言语清晰、吞咽正常、四肢灵活、血压正常，治愈出院。一年后随访，生活正常，能自行活动。

赵锡武生前一直在对地黄饮子进行研究，可惜没有来得及完成。可喜的是，他的学生1998年以“补肾法治瘖痱”为题投标卫生部科研课题，中标后用“加味地黄饮子”治疗脑梗死202例，5年后经专家鉴定组鉴定、验收获奖，实现了赵锡武的遗愿。

突破禁区　古为今用

赵锡武在临证时严格遵循中医理论，以辩证法指导医疗实践，不为古人之论所拘囿。他善于发扬古训，又勇于融会新知。

一是革故鼎新，大胆推翻“细辛不过钱”之说。细辛为马兜铃科多年生草本植物，因其根细而辛辣，故得此名。细辛最早载于《神农本草经》，属常用中药之一，有小毒，具有解表散寒、温肺化饮、祛风止痛、温通鼻窍等功效。张仲景《伤寒杂病论》中用细辛的方剂共有17个。

“细辛不过钱”是一句流传很久、很广的古训，它严重影响了细辛功效的正常发挥，致使医生不敢据证大量使用，从而使疗效大打折扣。不少药房人员遇到细辛过钱的处方，不是拒不调配，就是要医生特别签字，以示负责，曰：“细辛不过钱，过钱命相连。”

“细辛不过钱”之说，源于宋代元祐年间陈承著的《本草别说》一书，900 年来，已成为临床上的戒律，许多中医大夫不敢越雷池半步。中医界一直恪守“细辛不过钱”之说。

通过查阅大量的中医文献，以及多年临床实践，赵锡武大胆提出“细辛不过钱”这一说法“误人不浅”。这一提法在当时是很了不起的，是需要勇气和经验的。赵锡武说，细辛是一味好药，味辛香窜，既能外散风寒，又能内化寒饮，开窍止痛，一个最重要的功效就是能入阴搜邪，把风寒、痰饮搜寻分离并透出体外，善治很多怪病奇症。

根据病情需要，赵锡武在给病人开药时，药方中细辛少则 2～3 钱，多则 7～8 钱，从未发现毒副作用，而且治好了不少疑难杂病，打破了“细辛不过钱”的羁绊。问其原因，赵锡武说，只要看一看清代陈修园的《神农本草经读》就可明白其中的道理。陈修园引张志聪《本草崇源》曰：“宋代元祐陈承谓细辛单用末，不可过一钱，多则气闭不通而死。近医多以此语忌用，而不知辛香之药岂能闭气？上品无毒之药何不可多用？方书之言，类此者不少。学者不详察而遵信之，伊黄之门，终身不能入矣！”赵锡武说，宋代陈承“细辛不过钱”说，是“别出心裁，误人不浅”。其实宋代之前的诸多医书，皆言细辛无毒，也未限量，就是在宋代之后，许多医家也并不同意陈承之说。

是否会发生细辛中毒，赵锡武认为，服用方法和使用剂量才是关键问题。如果是单服细辛末，或丸散中含有细辛末，每次服用细辛含量若超过三钱，就有发生中毒的危险。如果是用煎剂，细辛的毒性成分在煎煮过程中会被蒸发掉一部分，用量即便很大也不会发生中毒。当然，大剂量应用细辛一定要用煎剂，还应当注意辨证用药，细辛毕竟属于辛温发散之品，对阴虚有热者，应当忌用。由此可以看出赵锡武知识之广博，研究之深入。

二是首先提出治疗肺炎不能囿于卫气营血学说。

赵锡武是当代中医“截断疗法”的首倡者。根据多年的临床观察，赵锡武在充分肯定清代名医叶天士卫气营血的辨证施治“是温病理论学习的基础，是温病临床治疗的指南”的同时，也提出了自己的见解，其中包括卫气营血与肺炎的证治、“上工治未病”与肺炎的证治。

1962年，赵锡武首先提出，治疗肺炎不能囿于温病卫气营血学说的“在卫汗之可也，在气方可透热转气，入营则恐耗血动血，直须凉血散血”，强调“治病必求于本”。特别是病毒性肺炎，临床上虽有不同的证型，但治本之法则应始终不变。一旦确诊，则应直以清解肺热之法为主治疗，切断病程，以期轻者早愈，重者提高其治愈率。这一见解，无论在理论上还是实践上，对肺炎治疗都是一个突破。

赵锡武认为，病在气就不能治营，或病已到了胃也不能治气，这实际上是违背“上工治未病”原则的。所谓“上工治未病”乃“见肝之病知肝传脾，当先实脾”之意也，能够切断病程进展就是“治未病”，如果治法晚（慢）于自然病程就要变坏证。所以他特别强调叶天士之名言“温邪上受，首先犯肺，逆传心包”之医理，认为肺炎的病位在肺脏，病邪在脏，而不是风邪侵袭肺卫皮毛；指出风温病机的传变首先是犯肺，既名“肺炎”，说明邪已犯脏，即使是轻型肺炎初期，也属肺热里实之证，又多伤阴，故不能依靠轻取获效，非一般辛凉之剂所能胜任。

三是首先提出小儿麻痹症急性期属中医温

病范畴。

小儿麻痹症，又名脊髓灰质炎，是由病毒引起的急性传染病。该病主要通过消化道及呼吸道传染，多在夏秋季节流行。赵锡武首先提出小儿麻痹症急性期属中医温病范畴，为中医治疗小儿麻痹症开辟了思路。

根据该病系由病毒引起，初起者有突然发热、呕吐、烦躁、嗜睡、多汗或无汗等表证，并能互相传染，赵锡武创拟加味葛根汤治疗。又根据清代王清任《医林改错》中风小儿半身不遂类似小儿麻痹症之记载，认为其与该病相似。赵锡武进一步提出，该病属温病范畴的小儿中风，而非半身不遂之“中风”，按临床症状，该病“应划归中风门为宜”。赵锡武认为，所谓“中风”，不问其原因如何，只要影响到神经系统而表现出各种神经症状即名“中风”。小儿麻痹症因是传染病，按中医理论当名之为“温病系小儿中风”。因此，对其恢复期及后遗症又创拟加味金刚丸治疗，发展了中医学对该病的认识。

赵锡武对小儿麻痹症的治疗独有建树。

小儿麻痹症急性期，赵锡武主张以清热透表、芳香逐秽、调肝息风、宣痹通络为法，主方为加味葛根芩连汤。其方是：生石膏 18g，葛根 12g，甘草 9g，金银花 12g，杭芍 12g，川黄连 4.5g，黄芩 9g，全蝎 3g，蜈蚣 3g，麻黄 4.5g（无汗或汗不多者，临时加此味药），然后加水 600ml，先煮石膏 15 分钟，再入其余的药煎至 120～150ml，分 3 次温服。

赵锡武指出，小儿麻痹症为急性传染病，温邪从口鼻而入，顺传肠胃，发病于督脉，见症于四肢及腹壁、头面等部位。发病之初，典型患者多发热呕吐、下利，继而出现弛缓性麻痹，且可由患者之吐泻物感染他人。发热为太阳温病，当由表解，故用越婢汤。吐利病在肠胃，故用葛根芩连汤。麻痹在督脉，故用葛根、蜈蚣、全蝎以祛风。因由病毒传染，故用金银花、连翘解毒。凡属于病毒感染，必须解毒、排毒二者兼施，若单解不排，毒仍在内，单排不解，徒伤正气，故方以芍药除血痹，黄芩、黄连、金银花、甘草解毒，以麻黄、葛根排毒，使从汗解。全方亦符合痿证独取阳明之意。若治疗及时，护理得当，就能缩短疗程，减少后遗症。疗程3～6个月。

另外，要注意药味加减。赵锡武强调，初起加局方至宝丹或安宫牛黄丸、紫雪丹（腹泻者去紫雪丹）。无汗者加麻黄。发热者加大青叶、板蓝根、连翘。烦躁者加胆草、钩藤。疼痛者加天麻、芍药。通络加地龙、僵蚕。麻痹在下肢加牛膝、桑寄生。麻痹在上肢加川芎、地龙、桑寄生。口眼㖞斜加细辛、辛夷、川芎、白芷等。兼暑者加藿香、滑石。呕者加半夏、陈皮、竹茹。大小便闭者大柴胡汤加芒硝、车前子、地肤子、紫雪丹。

小儿麻痹症后期，赵锡武主张滋肝肾、强筋骨、补气血，自拟加味金刚丸治疗。这是赵锡武据其长期经验研制而成的。其方是：萆薢30g，杜仲30g，肉苁蓉30g，菟丝子15g，巴戟天30g，天麻30g，僵蚕30g，蜈蚣50条，全蝎30g，木瓜30g，牛膝30g，乌贼骨30g，精制马钱子60g（必须严格炮制，以解其毒）。以上药炼蜜为丸，每丸重3g。每服1～2丸，日服1～3次，或单用或与汤剂合用，白开水化服。若见早期马钱子中毒症状，如牙关紧闭，即停药并服凉水。

加味金刚丸中，萆薢为利尿泻湿清热之品，且有解毒作用。杜仲有镇静止痛功效，强筋骨，补肝肾。肉苁蓉、菟丝子润五脏，益髓强筋。巴戟天能除风、强筋补肾、益精，故对虚弱骨痿有补益强壮的作用。方中加天麻能缓解四肢之筋骨肌肉疼痛，并治四肢弛缓。加牛膝、木瓜能使腰脚筋骨强壮，僵蚕祛风化痰，治口眼喎斜，全蝎、蜈蚣能祛风活络，调节神经。马钱子的有效成分是士的宁，为脊髓神经兴奋剂。本病患儿如伴有软骨病，可加乌贼骨以增加钙质。淫羊藿为温阳补肾良药。桑寄生能强筋骨，散风寒。现代研究认为，桑寄生对脊髓灰质炎病毒有抑制作用。本方对脊髓灰质炎的恢复期有祛湿解毒、祛风通络、补肝肾强筋骨、兴奋脊髓神经的作用。加减：在热退瘫痪出现后，可根据病情配用当归补血汤、黄芪桂枝五物汤、桂枝附子细辛汤、当归四逆汤。以上方剂对肢凉、肌肉松弛均有益。当发烧退下数月后，仍应积极清热解毒。

1958 年，赵锡武在北京儿童医院对小儿麻痹症进行了临床观察与治疗，比较完整的病例共 179 例，均疗效显著。临床观察显示，早用清热解毒药物，可促进患者短期恢复，不留任何后遗症。

曹某，男性，6 岁，1958 年 7 月 14 日就诊，因发热3天，伴喷射性呕吐，嗜睡，精神欠佳而入院。入院后腰穿（—）。诊断：发烧待查。7月15日发现麻痹，吞咽困难，口吐涎沫，便秘、身热（38℃），嗜睡，气短，作呕。查体：左目闭不严，左鼻唇沟浅，言语不利，颈强，膝反射（—），每高倍视野脑脊液细胞4个，蛋白（—）。血常规：红细胞4.0×10^{12}/L，血红蛋白12.2g/dl，白细胞6.65×10^{9}/L，分类中性58%，淋巴40%，嗜酸2%。会诊时，舌苔白厚，证属小儿温病中风，治用清热止呕、芳香化浊之剂：鲜藿香12g，薄荷9g，佩兰12g，厚朴9g，生石膏18g，陈皮12g，竹茹15g，川黄连4.5g，蚕砂12g，姜半夏12g，滑石12g，甘草9g，至宝丹1粒（因至宝丹不易灌服，改用藕粉冲汁稀释为混悬液而服用）。7月16日改用加味葛根芩连汤3剂。7月17日神清，痰涎壅盛，继用前方6剂。痰涎减少，便干，吞咽困难，口有恶臭，当清胃，方用加味葛根芩连汤加藿香 9g，陈皮 12g，法半夏 12g，桔梗 12g，钩藤 12g。7 月 28 日精神转佳，前方加菖蒲 9g，射干 4.5g，六神丸 12 粒，溶化分 3 次口服。7 月 30 日下午开始能吞咽，大便正常。

以上成就的取得，是赵锡武发古融新、古为今用、发展中医药的具体体现。

辨证论治　中西并蓄

赵锡武在临证时严格遵循中医临床基本原则，重视辨证论治。所谓“辨证”，就是把四诊（望诊、闻诊、问诊、切诊）所收集的资料、症状和体征，应用“八纲（表里、寒热、虚实、阴阳）”、“脏腑”，结合病因，进行分析、归纳，辨清疾病的病因、性质、部位，以及邪正之间的关系，概括、判断为某种性质的证。所谓“论治”，又称为“施治”，即根据辨证的结果，确定相应的治疗方法。辨证是决定治疗的前提和依据，论治是治疗疾病的手段和方法。通过临床效果，可以检验辨证论治的正确与否。辨证论治的过程，就是认识疾病和解决疾病的过程。辨证和论治，是诊治疾病过程中相互联系、不可分割的两个方面，是理论和实践相结合的体现，是理法方药在临床上的具体运用，是指导中医临床的基本原则，是中医学的基础功夫。中医之辨证论治始见于《素问·至真要大论》，至张仲景而发扬光大，使之具体化。《黄帝内经》谈辨证论治，张仲景也谈辨证论治，历代名医无不重视辨证论治。赵锡武说，虽然《伤寒论》重在辨证，《金匮要略》重在辨病，但均非绝对的，二者是不可分割之一体。在医疗实践中，赵锡武重视并坚持辨证论治，一再强调，作为医生，在临床中“若舍此，则无所措手足”。

赵锡武强调辨病与辨证及机体的整体观，指出：“辨证论治的实质就是辨别清楚‘病因体异’，然后‘同病异治’、‘异病同治’、‘药随证变’。”他说，每种病与每种病有不同的个性，亦有相同的共性，故每种病有每种病不同的治法，各病有各病的主方。证与病不同，证属共性，为诸病所共有，病属个性，为每病之专有，故病不变，而证常变，方不变，而加减变。证与病的辨证与辨病是相互联系，不可分割的，辨证就是为了认识疾病，认识疾病是为了治愈疾病。鉴于病的治法不同，故既要辨证，又要辨病。不论是辨病，还是辨证，必须理论通，思路广，方法多，既要掌握原则性，又要有一定灵活性。治病必求其本。所谓本者，有万病之共本，有每病之个本。医者既要辨每病之个本，也要辨万病之共本，二者相辅相成，缺一不可。临证时须先辨每病之个本，再辨万病之共本。所谓辨证论治是先辨其为何病，再辨其寒、热、虚、实，然后施治。非头痛为一症，足痛又为一症，头痛医头，足痛医足。医者当对每证每方必须刻苦探思，一增一损务使合于规矩，方不至捕风捉影，扶墙摸壁。没有丰富的临床实践和经验，是不会理解并熟练地掌握、应用“辨证辨病”的。赵锡武用药得体，其加减用药之妙，得心应手，药味仅6～9味，方小效高，使人深感古方之卓越及赵锡武本人辨证用药之精辟。

“有病始有证，辨证方能识病，识病后方可施治。”这是赵锡武在临床中一贯坚持的指导思想。何谓病？何谓证？有疾病而后有症状，病者，为本，为体；证者，为末，为象。病不变而证常变，病有定而证无定，故辨证不能离开病之本质。赵锡武认为，“辨证”二字最为重要，提醒医者对《伤寒论》六经标题所曰“辨病脉证并治”应予注意。

赵锡武认为，中医辨证不易，识病尤其难。如有一个病人连续高烧4个月，经中西医多方治疗均无效，病之初曾服桂枝汤调和营卫，未能如法取汗，后即易苦寒解毒之剂，亦未见效。家属邀赵锡武前往诊治。赵锡武接诊后投以桂枝麻黄各半汤，早晚各一剂，小发其汗；并嘱其多喝温开水发汗，不汗不更方。两剂后得汗，复以归芪建中汤善后。当学生问其中原因时，赵锡武答："治外感者，必须先识得病。《伤寒论》六经病各篇皆冠之以'辨某某病脉证并治'，置'辨病'于'脉证'之前。盖病为本，证为标，有病才有证，只有先识得病，方能断得准证。证固然可以千变万化，病则有常，故辨证论治绝不可离开识病辨病。若识不得病，或舍病以辨证，必然把握不住疾病发展变化的规律，辨证论治不免降格为'对症治疗'，如此舍本逐末，病必难除。此患者高烧不退，似已入营卫，其实不然。其病虽壮热不已，但不渴不呕，非阳明少阳病之征；病虽四月有余，却无下利、但欲寐、厥逆诸症，亦非三阴病证。其病之初起于太阳中风之证，只缘桂枝汤服之不得透净。今脉浮而微汗出，面色微赤，心中烦，乃邪气郁遏不得外达、阴气屈而不伸之故。因此予桂麻各半汤小发其汗，促使外达而营卫和调。本案之治，正是识得其病在太阳，证属邪气郁遏营卫，方能不为其热势汹汹所惧，用辛温发散之剂为治，药中病机，故效若桴鼓。”

赵锡武虽是中医大家，但力主中西并蓄。他一直呼吁传统医学与现代医学的结合，认为中西医既有共性，又各有其特点。

赵锡武一生曾三次脱产学习西医，经常请懂西医的徒弟和同事讲解现代医学知识，并应用于临床实践。1958 年，赵锡武与西医心血管病专家黄宛协作，研讨对心血管病的中西医治疗方案。为研究红斑狼疮的治疗方法，赵锡武曾经连续 40 天，把中国医科大学主编的 40 万字《免疫学资料汇编》一书仔细通读了一遍。经他确诊治疗的红斑狼疮患者，病情均得到缓解。直至晚年，他不顾年迈，仍然学习心电图等新知识、新技术。他让学生给他讲解心电图，不但自己学，而且还让从医的小女儿跟他一起学，并告诉女儿，要掌握这些先进技术，将来会用得上的。

1980年，赵锡武在《广西中医药》杂志上发表了一篇《三位一体，统筹兼顾——兼谈中西医结合的几个问题》的文章，对中西医结合作了全面的论述。他在这篇文章中指出，我国医界的三支力量——中医队伍、西医队伍、中西医结合队伍应当相互尊重，相互学习，团结合作，共同前进，“这是历史赋予我们的使命”。他认为，中医要发展，西医也要发展，中西医结合的事业要不断推向前进，不能片面地强调或忽视任何一个侧面。中西医既有共性，又各有其特点；既有离的一面，又有合的一面，离与合是对立统一的辩证关系，是客观规律。医者应当自觉地认识这种规律，并按规律办事，绝不能永远处在只有传统医学而达不到现代医学先进水平的状况。要组织好一支队伍，让他们全力以赴地在现代医学领域内进行探索，在若干重要、关键的领域里尽快达到或接近世界医学的先进水平。只有在现代医学领域内研究得越深入、越透彻，才能谈得上中西医结合的高水平。赵锡武支持采用现代科学方法及手段进行临床研究，主张中西医之间共同攻关。他说："许多学科的发展，常常是在形成了边缘科学的时候才有所突破，中医在发展，现代医学也在发展，二者在发展中相互渗透，相互影响，是不可避免的。在比较中探索其内在的统一性，必将促使更高水平的医学科学的出现。"赵锡武晚年仍关注中西医的结合，期待着"中国医学科学在中西医结合上能有所突破，以对人类的健康作出更大的贡献"。

这篇颇有预见性的文章，至今对中国医学科学的发展仍有重要的意义。

延缓衰老　见解独特

赵锡武对延缓衰老有独特的见解，根据老年人的特点，提出了“补心气，培益肝肾”的养生方法，认为这两点实为延缓衰老的妙法。他提醒老年人，平素应多用补心气的中药，或多服培益肝肾的中药，平衡阴阳，调节脏腑，遂致阴平阳秘，精神内守，达到长寿健康。

“补心气”养生法。赵锡武强调，老年人要注意补心气。《素问·阴阳应象大论》里记载：“诸血者，皆属于心。”《灵枢·经水》中指出：“经脉流行不止，环周不休。”《灵枢·邪气脏腑病形》中说：“脉实血实，脉虚血虚。”说明了心在人体中的重要性。心主血、主脉，为阳中之太阳，心为一身主宰，人之老年，若心气不足，往往出现心悸气短、疲乏倦怠、懒言少语、精神萎靡等症状，甚则心跳不匀，起搏衰退，进而发展为心功能减退。对此，宜采用补心气之品，调节脏腑，平衡阴阳。《素问·玉机真脏论》云："心受气于脾，传之于肺，至肾而死。""五脏相通，移皆有次，五脏有病，则各传其所胜。"进一步指出，心气不足，则五脏六腑之精不足。反之心气充足，心血所濡，血脉畅通，脏腑旺盛，人体健康。由此可见，当心有病或不足时，可损及他脏，其他脏有病时，亦会影响心。所以赵锡武提出，老年人在未出现器质性病变时，应以补心为宗旨。方用生脉饮（《内外伤辨惑论》）加柏子仁、酸枣仁、延胡索、瓜蒌之品。方中人参补益心气，麦冬养阴生津，五味子益气敛阴，三药配合，一补一清一敛；柏子仁、酸枣仁养心安神，使神得守，心不扰乱，气血运行疏通；延胡索、瓜蒌具有理气、豁痰、宽胸及温通心阳、血脉功能。全方配合，相得益彰，使精、气、神得以充沛，达到阴平阳秘，健康长寿。

“培益肝肾”养生法。赵锡武强调，老年人要注意补益肝肾。人进入老年后，则齿松发脱，易出现腰膝酸软、头晕耳鸣、健忘、失眠等症。《素问·上古天真论》云：“肾者主水，受五脏六腑之精而藏之”，指出肾在人体中的主导作用。《灵枢·本神》中说：“肝藏血，血舍魂。”肝主筋，肝主疏泄，说明肝的疏通和排泄，使人体气血能够得到畅通，废物不致瘀阻而得以正常排泄。乙癸同源，相互为用，肾阴不足，龙雷之火失制，相火易炎，可见二者之间关系密切。故赵锡武又提出，对老年人要以调理肝肾为佳，即培补肝肾，应常服地黄饮子（《景岳全书》）加桑螵蛸、益智仁补益固涩肾中阳气，亦可减少老年人肾虚引起夜尿频数的痛苦症状。总之，肝肾健壮，人体精力充沛，才能健康长寿。

工作之余，赵锡武喜好莳花及养石，玩小盆景。在赵锡武的桌子上曾有一只白色的小瓷盎，内有一块灵璧石，细如乳瓜，高约三寸许。粗一看好像是仙人柱，再仔细端详，才知道是一块石头，上面布满青苔，没有一丝缝隙。为使这块石头不干燥，赵锡武时时用水来湿润它，渐渐地就有绿苔长出。越是及时湿润，这块石头就越是变得润绿，有如“鬌翁翠峰”在眼前。除此之外，赵锡武还喜欢打太极拳，推手也很在行。他自幼练习书法，魏碑学得非常好，字写得相当漂亮。很多经方、验方他都是亲手抄录，今日看来，不失为书法精品。

一代名医　品格高尚

赵锡武不仅医术高明、学识渊博，其高尚的医德、全心全意为人民服务的精神，更是广为传颂，有口皆碑。

赵锡武对待病人一视同仁。赵锡武的父亲是一位勤劳善良的厨师，为人忠厚，能急人之困，助人之难。赵锡武幼承家教，待人亦甚为厚道。在 20 世纪三四十年代他就以光明磊落、刚直不阿、不走豪门为行规，驰名京城。他耿直坦诚，以济世抚民为宗旨，对劳苦民众怀有深切的同情心，在生活极为艰苦的情况下仍为穷人免费施诊，且常解囊相助，毫不吝惜。到他诊所就医的多为工人、脚夫、洋车夫、贫民，因此他很早就是大众远近称颂的中医名家了。

赵锡武生前常对学生们讲："那时穷人看病不容易，不到非治不可的地步是不会轻易求医的。医生对待病人要一视同仁，不能分三六九等。""医生的天职是看病，不是看级别。""找我看病，只有前门没有后门。医生就是要治病救人，不要为名为利。过去我们挨饿都不搞这些，现在就更不应该这样做。"他对病人高度负责，对疾病严肃认真、实事求是，从不虚弄病情，吹嘘疗效，而且他平生最讨厌那些自吹自擂的江湖陋俗。平时接诊时，越是远地区来京就医者、无"后门"者，他越是格外热情。20世纪60年代，一位从山西来的"知青"，架着双拐慕名来找赵锡武看风湿性关节炎，连夜排队，也没挂上号，非常着急。赵锡武得知后，便嘱咐助手先叫这位"知青"等着，看完其他病人后一定给他看。赵锡武认真地为这位"知青"把脉诊病，并开出足够的药。"知青"临走时，赵锡武起身携手相送，还不忘叮嘱他回去以后要注意防寒保暖。“知青”感动得泪流满面，在场的助手及学生个个热泪盈眶，深受教育。

赵锡武总是想病人所想，急病人所急。对危重病人，他精心治疗，对疑难症病人，他从不推辞。凡是一剂药能治好的，他不开两剂，想方设法让病人少跑路，少花钱。只要有病人，他就尽快为病人诊病。常常有病人深夜里来叩他家的门，对此他从不厌烦，总是立即起来接诊。“病人随时需要医生，医生就应随时到”，是他一生都在遵守的行医原则。

1967年的一天，有人急匆匆地找到赵锡武，神秘地问他敢不敢给某某要人看病，说这位要人现在病得很重。赵锡武说：“我是医生，怎么能不给病人治病呢？救死扶伤是医生的本分，我没有什么好怕的。”赵锡武当即随来者去给那位正处逆境的要人看病。凡是接触过赵锡武的人，无不被他正直、纯朴及平易近人的品格所感动。

赵锡武是一位实事求是的医林大家，比如治疗慢性肾炎，他有丰富的医疗经验，但他仍说："我虽然有《慢性肾炎的病机与治疗》一文收载于《赵锡武医疗经验》一书中，然而，对于肾功能衰竭病例的治疗，取效者，仅不过偶有数例而已，叹己未得要领。"由此可见赵锡武谦虚谨慎、实事求是的诚实治学精神。

赵锡武医德高尚，对同道不贬低，不攻击，能接受各家之长，有容乃大是他的一贯作风。经常有同道到他的寓所探讨学术问题，赵锡武常常引经据典，详尽表达自己的见解，从不留一手。著名中医学家何时希在其所著《豪迈须眉赵锡武》一文中说："与赵锡武论医，他从来都是海纳百川，包容南北。温热、伤寒不划鸿沟，非如一般北医之见解，胶执于麻、桂、姜、附者不同。"何时希曾与赵锡武同组研究喘息，在治法上互相取长补短。赵锡武见何时希用玉屏风散配小青龙加石膏汤治喘息，甚加欣赏，于是合议配置一成药，以供病人常服。正在讨论时，有一四川省老中医提出疑义：补、泻、温、凉合用，不知这是一种什么思路？赵锡武当即解释说："此为玉屏风散、小青龙加白虎汤、沙参麦冬饮、百合固金汤四方之组合，肺司开合而主皮毛口鼻，若皮毛固密，开合无阻，口鼻亦不受邪，则金安矣，故定名为'安金膏'，润之以蜜，备喘病缓解及不发时用，冬病夏治，所以固其本而拒邪也。"这样一来，那位有疑问的老中医"闻之乃无辞"。赵锡武就是这样一位深熟经方时方、不分畛域的中医名家。

赵锡武一生耿直正派，为人憨厚，能团结不同意见的学术流派，所以学术上意见不同的朋友也很多。北京大学有一位教授，经常在报纸上发表文章指责中医，但赵锡武依然与他做朋友。1955 年中医研究院建院时，诚征各省名医，一些人到了北京很不适应，颇有“举目少亲，落落寡欢”之感，加之都是从全国各家医院调来的，人员之间由于“口不同语，人不同文”，难免相处不好。一位从上海调来的中医大夫，时年42岁，不仅不适应北方的生活，而且不适应新的工作环境。在他备感“郁气难伸”之时，幸有赵锡武可以倾诉，略消“形单影只”之苦闷。1967年，这位大夫为一下放干部开了较多的安金膏，在医院大会上受到了不点名的批评。赵锡武认为，这位大夫并没有什么过错，就在会上直言不讳地说：“若此为错误，则凡为医者不拖‘下放后腿’，人人必犯矣。”会后，赵锡武每次经过这位大夫的宿舍，都进去予以安慰，要他正确理解院方的批评。赵锡武说：“今后你凡有不解、不怿的地方，尽可跟老哥哥说，勿抑郁自困。”对困难中如兄长一般关心自己的人，这位大夫终生难以忘怀。在赵锡武1980年去世时，这位大夫已调离北京，他为未能守在赵锡武身旁而备感悲痛。

赵锡武对待学生，是言传加身教。他一生热心培养人才，早年曾在华北国医学院任教授，后来又在首批西学中班及中医学院讲课，并认真带徒弟和研究生，培养出不少优秀的中医人才。陈可冀、张问渠、郭玉英等不少著名中医专家都曾师从赵锡武。1978年，我国招收首届中医研究生时，赵锡武任中医研究院副院长，他身兼数职，事务繁忙，但仍亲自带了陈士奎、朱邦贤、周安方、魏庆兴四名研究生，并亲自制订培养计划、研究课题，亲自为研究生授课，指导研究生查阅文献和进行临床观察。他言传身教，诲人不倦。

赵锡武常常对学生们说：作为一名中医大夫，“只靠几个方子是不行的，经典的医书要背下来，这是基础，是临床的基本功。”“除此之外，还要掌握剂量的多少，这才是做医生的本事。”“别人治不了的病你要能治，这才是一个好大夫。”短短数语，道出了做医生的真谛。赵锡武在给研究生讲课时引经据典，精确无误，令学生们折服。在背读经典医书方面，学生们都深深领教过赵锡武的严厉，并因此终生获益。

赵锡武经常教诲学生要认真对待历代医籍和古人经验，切不可轻率持以否定态度，或未经实践反复印证便轻率提出非议。他要求学生学习《伤寒论》、《金匮要略》时，对其每证每方必须结合实践深刻思考，潜心琢磨，临床上的“随证加减”，切不可变为“随意加减”，一增一损务必合于规律，绝不能捕风捉影。除了严格要求学生，赵锡武还身体力行，对经典理论的学习精益求精，并勤于实践，勇于探索。他在为研究生讲解“痱痫”病证时说，《金匮要略·中风历节病脉证并治第五》“风引汤：除热痱痫”条中首次提出“热痱痫”病名，后世医家对“痱痫”病证之注释众说纷纭，见解不一。有医者认为，“痱痫”就是“癫痫”；也有医者认为，“瘫痫”就是“瘫痪”；也有医者对“风引汤”这一汤证存疑。到底临床上有无“瘫痫”这一病证，赵锡武说：经自己临床验证，方知“仲景撰书实事求是，绝无妄添枝叶之弊，若见诸临床，方知仲景所论至真至确”。赵锡武并向学生们举例说明了临床上的病例：“余一乡闾，猝染中风，半身不遂，知觉亦失，虽药饵调摄，仅能扶拐蹒跚而行，胳臂终不为用。”一次赵锡武去看望他，“彼送门道别之际，猝然仆倒在地，旋即抽搐大作，已废用之臂也强直抽搐。俟其神志得慧，其胳臂依然不用。”赵锡武说，他曾见多个类似病例，并亲自查阅《金匮要略》，发现书中不止一处有关于癫证的描述，所以他认为，“仲景是不会将其常用的‘癫’误写为‘瘫’的。‘瘫痫’这一病名概念当为仲景严谨观察病证的科学记录，毋庸置疑”。“仲景以‘瘫痫’二字命名斯疾，诚属一绝妙的传神之笔。所谓‘瘫痫’者，正是其病又瘫（半身不遂，肢体瘫痪）又痫（癫痫抽搐发作）之谓也。”“仲景观察并记录的‘瘫痫’病证，是准确无误、客观存在的。”赵锡武强调指出：“由此可见，古人之说不可轻率否定，只有经过实践方能识妙通玄。”临床上他用“风引汤”治疗脑震荡后遗症及脑血管病后遗症既瘫又合并癫痫样发作者，每有良效。赵锡武对仲景学术思想之深入研究，使学生受到深刻教育。

在学术和医术上，赵锡武对后学毫不保留。为了使学生和徒弟能掌握心脑血管病的治疗经验，他将《金匮要略·胸痹心痛短气病脉证并治第九》的一节逐字逐句地进行讲解，详细剖析冠心病的机理，将冠心病治疗六法毫无保留地传授给他们。有一次张问渠接诊的一个病人口舌糜烂，舌尖发红，经过各种治疗效果不显。张问渠遂找赵锡武讨教。赵锡武看后说：“病人舌红溃烂属热为标，但脉沉细，下肢怕冷属寒为本，乃上实下虚所致，应采用‘益火之源，以消阴翳’的治法，以桂附为治。”张问渠按此法给病人进行治疗，果然收到了显著的疗效。类似后学向赵锡武讨教的事不胜枚举，每每他都是有问必解，从不保留。

时至今日，赵锡武的学生们谈起老师来，仍然赞佩不已：“我们不仅要继承赵老高明的医术和学术思想，更要继承赵老高尚的医德，他的医德和医风永远是我们做医生的榜样。”

赵锡武对待家人，要求严格。他一生为无数高官显贵、社会名流医治过病，结交的高官和名流不计其数，但他从未为自己和家人索取一丁点儿利益，从不让家人以他的名义去“求人”，利用他的关系去“找人”。正因为他没有谋私的企图，所以他才能对待病人不分三六九等。这一高尚品德，在今天仍是医者的一面镜子。赵锡武经常教育子女：“做人要本分，在工作和生活中，吃点亏没事儿，吃点儿苦、受点儿罪也没有关系，不要与人斤斤计较，要长真本事才好。”

1980年4月20日，德高望重的赵锡武因积劳成疾与世长辞，享年78岁。全国中医界和社会各界为之悲恸，党和国家许多领导人敬送花圈和挽联或亲自参加追悼会。临终前，赵锡武还抱病为病人诊病，一再嘱咐学生与徒弟，要将他的临床经验整理出来，供后人借鉴。赵锡武数十年如一日，为中医药事业的继承与发展贡献了自己的一切，真正做到了“春蚕到死丝方尽”。

（撰稿人　曹　慧　李剑君）

《中华中医昆仑》丛书150位医家名录

（按生年排序）

张锡纯	丁甘仁	萧龙友	王朴诚	恽铁樵
曹炳章	冉雪峰	谢　观	施今墨	汪逢春
孔伯华	黄竹斋	吴佩衡	蒲辅周	陈邦贤
李翰卿	李斯炽	姚国美	陆渊雷	张泽生
时逸人	张梦侬	叶橘泉	王聘贤	陈慎吾
邹云翔	赵炳南	承淡安	余无言	刘惠民
岳美中	沈仲圭	秦伯未	赵锡武	韦文贵
程门雪	黄文东	赵心波	董廷瑶	吴考槃
章次公	石筱山	陆南山	张赞臣	李聪甫
刘绍武	陈存仁	朱仁康	陆瘦燕	姜春华
韩百灵	高仲山	李克绍	王鹏飞	刘春圃
金寿山	哈荔田	何世英	周凤梧	干祖望
关幼波	王为兰	任应秋	罗元恺	祝谌予
杨医亚	郭士魁	何时希	耿鉴庭	俞慎初

裘沛然	顾伯华	江育仁	邓铁涛	门纯德
刘渡舟	尚天裕	朱良春	李玉奇	程士德
尚志钧	赵绍琴	董建华	米伯让	李辅仁
张珍玉	班秀文	颜正华	于己百	颜德馨
路志正	方药中	王乐匋	黄星垣	谢海洲
余桂清	何　任	王子瑜	程莘农	陈彤云
焦树德	张作舟	张　琪	李寿山	张镜人
王绵之	方和谦	印会河	王玉川	蔡小荪
李振华	马继兴	王嘉麟	宋祚民	刘弼臣
王雪苔	刘志明	吴咸中	李今庸	任继学
裴学义	王宝恩	周霭祥	贺普仁	唐由之
赵冠英	许润三	金世元	陆广莘	刘柏龄
徐景藩	吉良晨	吴定寰	沈自尹	王孝涛
张灿玾	周仲瑛	强巴赤列	张代钊	李经纬
郭维淮	柴松岩	苏荣扎布	陈可冀	李济仁
夏桂成	郭子光	巴黑·玉素甫	张学文	陈介甫